LA GRANDE IMAGERIE

MERCEDES

Conception
Jacques Beaumont

Texte
Marc Schlicklin

FLEURUS

FLEURUS ÉDITIONS, 57, rue Gaston Tessier 75019 Paris
www.fleuruseditions.com

DEUX PIONNIERS

À la fin du XIXe siècle, chacun de son côté, Carl Benz et Gottlieb Daimler inventent et construisent en Allemagne les premiers véhicules dotés d'un moteur à essence, capables de se déplacer sur les routes sans l'aide du cheval. Bientôt, ils fabriquent des véhicules à moteur à quatre roues : l'automobile est née, une révolution. Les noms de ces deux pionniers, qui ne se rencontrèrent jamais, seront associés peu avant la mort de Carl Benz pour devenir la marque de l'un des constructeurs les plus prestigieux : Daimler-Benz, le fabricant des célèbres Mercedes.

Gottlieb Daimler (1834-1900) Un industriel passionné de moteurs

Après avoir fait fortune et étudié les moteurs à gaz dans d'autres entreprises, l'ingénieur Daimler s'installe à son compte à Cannstatt, près de Stuttgart, en Allemagne. En 1885, il réussit à faire tourner dans son atelier son premier moteur à essence.

Deux puis quatre roues pour conquérir le monde

En 1885, Daimler monte son moteur sur une curieuse machine en bois. Son fils parcourt 3 km au guidon de cet ancêtre de la moto. En 1886, il installe un moteur perfectionné sur une calèche. Trois ans plus tard, elle devient sa première voiture ; elle atteint 16 km/h. L'usine Daimler construit des moteurs et les adapte alors à toutes sortes d'engins : voitures, camions ou bateaux. Elle vend ces moteurs dans de nombreux pays, permettant à d'autres constructeurs, dont les Français Peugeot ou Panhard & Levassor, de fabriquer leurs premières voitures.

La maison de Daimler, à Cannstadt, disposait d'une grande serre : c'est là qu'il construisit son premier moteur.

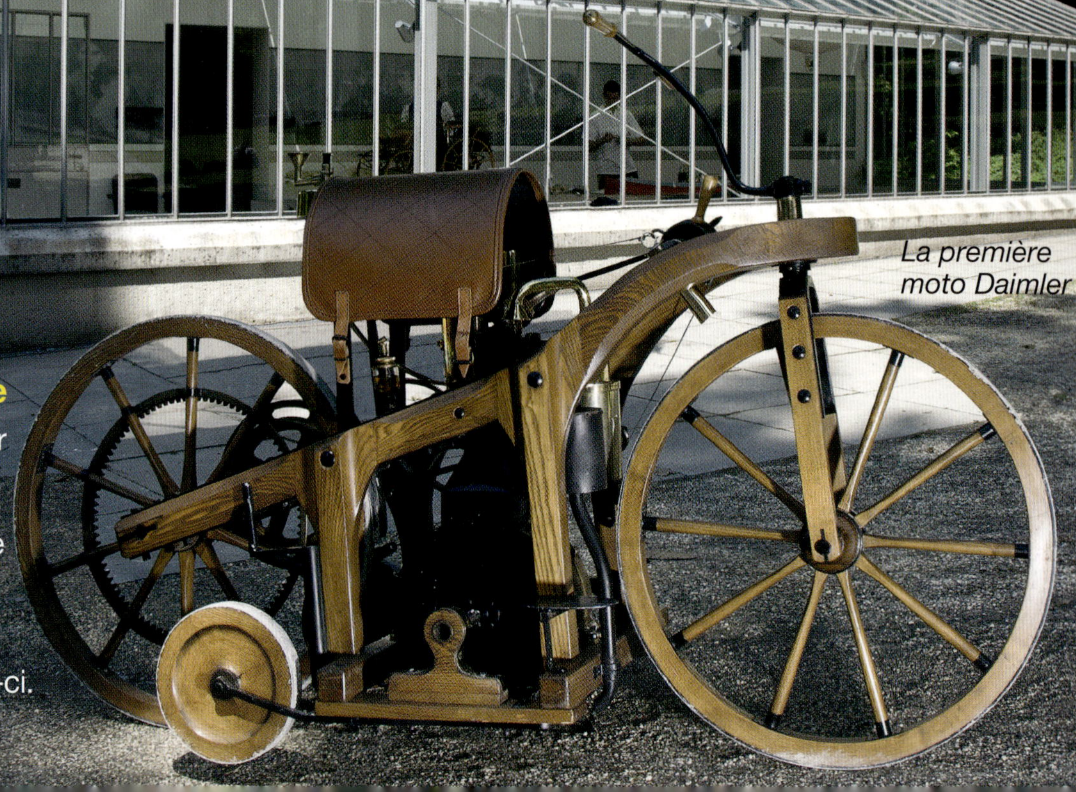

La première moto Daimler

Le premier moteur à essence

Pour alimenter son moteur, Daimler utilise de l'essence de pétrole, alors vendue comme dissolvant en pharmacie. Il invente un système pour déclencher l'explosion de vapeurs d'essence comprimées dans le moteur. C'est la puissance de l'explosion qui fait tourner celui-ci.

Carl Benz (1844-1929) Un ingénieur motoriste et constructeur

Orphelin de père très jeune, Carl Benz suit grâce aux sacrifices de sa mère des études d'ingénieur. Il travaille d'abord sur des moteurs à gaz. En 1871, il crée une usine de moteurs à Mannheim, en Allemagne. En 1884, il construit son premier moteur à essence.

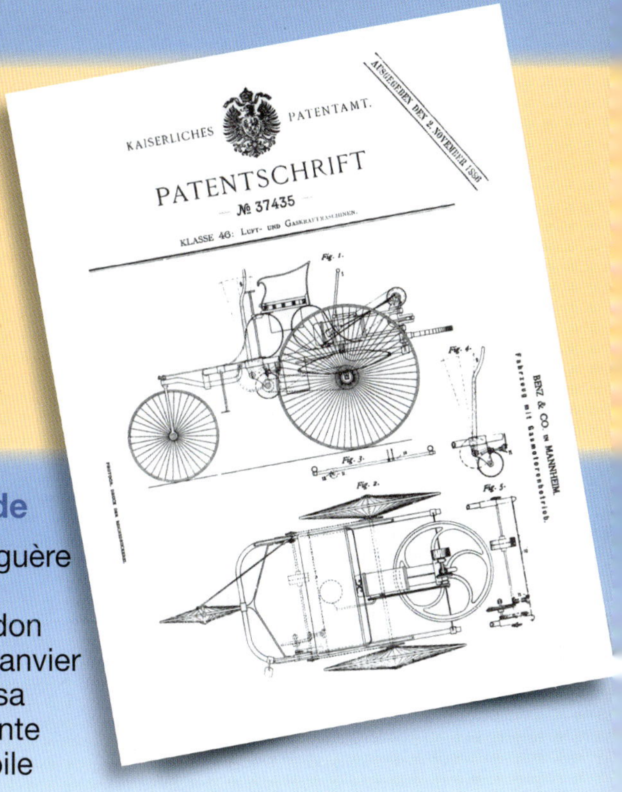

La première voiture essence au monde

Elle n'a que trois roues et ne roule guère plus vite qu'un homme qui court. Carl Benz, qu'on voit ici au guidon de son engin, obtient le 29 janvier 1886 un brevet pour sa nouvelle et pétaradante machine. L'automobile est née !

Mesdames Benz mère et fille, pilotes d'essai

Pour démontrer combien il est facile de conduire le tricycle de Carl Benz, son épouse Bertha fait en 1888 un voyage de 100 km sans aucun problème. Un exploit remarqué, à une époque où une voiture à cheval ne dépasse pas 30 km sans changer d'attelage. La démonstration est si convaincante que Benz confie ensuite des essais à sa fille Clara, ci-contre au volant d'une de ses premières voitures à quatre roues, baptisée « Velo », en 1894. Benz vendra 1200 exemplaires de cette voiture.

Le succès est aussi rapide que les progrès

Concurrents, Daimler et Benz travaillent à améliorer leurs productions. Les automobiles deviennent plus puissantes, plus rapides et plus confortables. Ce qui n'était qu'un sujet de distraction pour de riches clients un peu excentriques devient un vrai moyen de transport. Dans un premier temps, Carl Benz gagne cette bataille d'industriels : à la mort de Daimler, en 1900, il est le premier constructeur mondial, avec une production annuelle de 603 voitures. Cette supériorité ne durera pas, car les héritiers de Daimler découvrent avec la course une publicité très efficace. Benz, lui, pensa d'abord qu'elle ne servait à rien.

L'INDUSTRIALISATION ET LE MARIAGE

À partir de 1900, l'automobile se lance à la conquête du monde. La liberté de mouvement qu'elle offre séduit de plus en plus de personnes dans les pays riches. Les commandes affluent. Les modestes ateliers des débuts sont remplacés par de grandes usines où travaillent des milliers d'ouvriers. La guerre de 1914-1918 accélère les progrès techniques. Mais, une fois la paix revenue, la crise économique réduit le nombre de clients. En 1926, les deux fabricants sont contraints de fusionner pour survivre, c'est la naissance de Daimler-Benz.

Mercedes Jellinek

Bonjour Mercedes !
L'un des meilleurs clients de Daimler, Emil Jellinek, a une fille prénommée Mercedes (ici sur ses genoux). Son prénom sera choisi pour les voitures Daimler.

MERCEDES

La célèbre étoile, dont les trois branches symbolisent la terre, l'air et l'eau.

ORIGINAL BENZ EINGETR. SCHUTZMARKE

BENZ

Mercedes aux Champs-Élysées

Après 1902, toutes les Daimler prennent le nom de Mercedes. Mlle Jellinek, qui leur a légué son prénom, se montre volontiers à leur volant. Son père, un homme d'affaires avisé, est un des premiers grands marchands d'autos. Dans les villes apparaissent de magnifiques garages Mercedes, comme celui des Champs-Élysées, à Paris.

Simplex, la doyenne des Mercedes

Pieusement conservée au musée Mercedes d'Untertürkheim, dans la banlieue de Stuttgart, ce modèle Simplex est la plus ancienne voiture de la marque. Livré en 1902, son moteur de 40 chevaux lui permettait de rouler à 112 km/h, sur des pneus et dans un certain confort. Que de progrès depuis la première calèche motorisée de Daimler, qui ne dépassait pas 18 km/h sur ses roues cerclées de fer !

1924 : Porsche chez Mercedes

L'ingénieur autrichien Ferdinand Porsche (l'homme à la casquette ci-contre) a travaillé pour Daimler. Il y construisit notamment des voitures de course victorieuses, comme la Mercedes SSK (ci-dessus), très recherchée par les collectionneurs.

À la conquête de la vitesse

En 1908, cette Blitzen-Benz atteignit la vitesse alors fabuleuse de 202 km/h. C'était la machine la plus rapide jamais construite par l'homme. Les avions de l'époque volaient à peine à 100 km/h.

LA PROSPÉRITÉ ET LA CHUTE

Entreprise choyée par le pouvoir national-socialiste de Hitler, Daimler-Benz va connaître une grande prospérité avant la Seconde Guerre mondiale, construisant de puissantes voitures de luxe, mais aussi des bolides de course et de records pour la gloire de l'Allemagne. À la pointe de la technique, l'entreprise produit également des moteurs pour toutes sortes d'engins militaires, dont des avions. Mais, à la fin de la guerre, ses usines sont presque entièrement détruites par les bombardements.

Maîtrise de l'air

La carrosserie en aluminium de la Mercedes 540K expérimentale (ci-dessus) a été profilée et lissée au maximum pour réduire sa résistance au passage dans l'air. L'objectif de ce nouveau style de carrosserie : aller vite tout en réduisant la consommation de carburant. Terminée en 1938, la 540K devait être engagée dans la course Berlin-Rome, qui fut finalement annulée l'année suivante à cause de la guerre. Elle atteignait 185 km/h en vitesse maximale, mais pouvait soutenir sans peine une vitesse de croisière de 170 km/h.

Grosser Mercedes

Produite entre 1938 et 1943, cette voiture d'apparat portait le nom de « Grande Mercedes ». Ce cabriolet fut livré au prince héritier d'Iran.

Chasse à la vitesse

Sur les premières autoroutes, les constructeurs allemands rivalisent de vitesse avec des voitures profilées, spécialement construites pour établir des records. En 1936, cette Mercedes W25 a été chronométrée à 372 km/h. En 1938, son pilote, Rudi Caracciola, fixa à 432,7 km/h le record de vitesse sur route... qui tient encore à ce jour !

Reine de l'autoroute

En 1934, Mercedes produisit pour une poignée d'acheteurs fortunés une puissante voiture taillée pour dévorer l'autoroute. Son moteur à 8 cylindres développait 180 chevaux à l'aide d'un compresseur, dispositif qui servait à accroître sa puissance. Elle roulait à 170 km/h. Il en reste un seul exemplaire dans le monde.

L'Autobahnkurier
et sa carrosserie dessinée en pointe à l'arrière.

Effort de guerre

Pendant la guerre, Daimler-Benz travailla beaucoup pour l'armée, lui fournissant camions et voitures, mais surtout 80 000 moteurs d'avion. Le redoutable chasseur Messerschmitt 109 possédait un moteur Daimler-Benz très puissant, le tout premier à utiliser l'injection d'essence.

Cible

Les usines allemandes, et surtout celles qui travaillaient pour l'armement, furent régulièrement bombardées à partir de 1943. En mai 1945, les usines Daimler-Benz étaient presque toutes détruites. Près de 2 500 salariés de ces usines furent tués pendant la guerre.

RECONSTRUCTION

En mai 1945, Mercedes avait pratiquement cessé d'exister. Une seule usine avait partiellement échappé aux bombes, mais pas au démontage de ses machines par les troupes d'occupation alliées. Patiemment, les employés déblayèrent les gravats et réparèrent les bâtiments. Ces ateliers de fortune servirent d'abord modestement à entretenir les véhicules des occupants, puis à construire des camions et quelques voitures, notamment le modèle 170, conçu en 1936. Fin 1946, les 18 000 employés avaient péniblement fabriqué... 246 Mercedes dans l'année !

La production de la Mercedes 170, premier modèle de grande série de la marque et première auto au monde à moteur diesel, fut relancée en 1945.

La Mercedes 220, lancée en 1951.

L'apprentissage de la grande série

Avant-guerre, Mercedes construisait surtout en toutes petites quantités de grandes et puissantes voitures pour de riches clients. Après 1945, la marque s'oriente d'abord vers la production en grande série de voitures de qualité, performantes et solides. En 1955, comme le montre le stand Mercedes au Salon automobile de Francfort (ci-dessous), d'élégantes et coûteuses voitures de sport complètent cette offre.

La production s'accélère avec la remise en état des usines. En octobre 1947, Mercedes fête la sortie de la 1 000e 170 d'après-guerre. En février 1949, sa production atteint à nouveau 1 000 voitures par mois. La bonne réputation de la marque a survécu au conflit. En 1951, Mercedes lance deux nouveaux modèles, la 220 et la 300, avec des techniques de fabrication modernes et efficaces inspirées de l'industrie automobile américaine.

La 300 SL : la star aux ailes de mouette

En 1952, la 300 SL fait sensation avec ses portières qui s'ouvrent comme des ailes et sa puissante mécanique de 215 chevaux. Elle atteint 228 km/h.

La 300 SL possède le premier moteur automobile à injection d'essence, qui augmente la puissance en réduisant la consommation de carburant.

Les limousines à l'étoile

Dans les années 60, Mercedes perpétue la tradition et propose de luxueuses limousines comme l'immense 600 (ci-dessus), une voiture de chef d'État. Un peu plus abordable, mais avec le même gros moteur, la 300 SEL de 1969 est un palais roulant (à gauche).

Toujours le nez au vent

Avec la 190 SL (en rouge, à droite) puis avec la Pagode (ci-dessous), Mercedes s'adresse aux amateurs de cabriolets élégants des années 50 et 60.

NOUVELLES CONQUÊTES

À partir des années 1980, Mercedes veut élargir sa clientèle. La marque continue à proposer ses grandes routières performantes. Mais progressivement elle séduit de nouveaux clients avec des voitures moins imposantes tout en étant dotées des mêmes qualités techniques, notamment en matière de sécurité. Puis apparaissent des Mercedes de plus en plus petites, adaptées à la ville. Bien avant la mode qui suivra, la marque lance un modèle tout-terrain.

Impériale sur la route

Depuis 1965, les plus prestigieuses routières Mercedes prennent le nom de Classe S. Ces vitrines roulantes de la marque sont toujours équipées des raffinements technologiques dernier cri.

Increvables taxis Mercedes

Pionnier de l'utilisation du diesel pour motoriser une automobile en 1936, Mercedes s'est toujours, depuis cette époque, fait un devoir de proposer un modèle spacieux, avec un moteur Diesel pas très puissant mais très économe en carburant et très solide, idéal pour les chauffeurs de taxi, comme cette 200 de 1967. Ces voitures résistent couramment à un million de kilomètres sans réparations majeures. Le musée Mercedes possède un exemplaire racheté à un chauffeur de taxi grec qui a parcouru 4,6 millions de kilomètres, soit 115 fois le tour de la Terre !

La première des petites Mercedes

Depuis sa naissance, la marque Mercedes avait laissé à ses concurrentes le marché des petites voitures pour construire plutôt de grosses automobiles, dont le luxe et les puissants moteurs justifiaient les prix élevés. En 1982, Mercedes lance la 190, première berline compacte de la marque. Plus sportive, plus dynamique d'allure, la « baby Benz », comme l'appellent les Américains, séduit rapidement une clientèle plus jeune. Une vraie révolution pour la marque.

Des capacités militaires au service des civils

Après des années d'essais sur les terrains les plus difficiles, Mercedes lance en 1979 sa Classe G, comme « Geländewagen », « voiture tout-terrain » en allemand. Une appellation méritée qui lui vaut d'être utilisée par l'armée. Les versions civiles sont commercialisées avec des moteurs de plus en plus puissants et des finitions de plus en plus luxueuses.

Coupé et cabriolet

En 1996, avec la SLK, Mercedes remet au goût du jour le concept du toit rigide escamotable dans le coffre, inventé en 1936 en France.

Sur tous les fronts

Mercedes continue à produire de luxueuses voitures de sport, comme ce cabriolet 300 SL de 1989 (à gauche). En 1997 apparaît la Classe A (à droite) : une petite voiture très intelligente. Son moteur logé à plat sous le plancher laisse beaucoup de place aux occupants dans une carrosserie longue de 3,60 m. Il s'en vendra plus d'un million !

LES MERCEDES DU XXIe SIÈCLE

La plus ancienne marque automobile aborde le XXIe siècle avec une vaste gamme de plus de 30 modèles auréolés d'une réputation enviable. Symbole de l'automobile allemande par excellence, Mercedes a vendu plus de 2 millions de voitures dans le monde en 2016, ce qui en fait le premier constructeur de voitures de luxe et l'un des plus rentables. Sécurité, fiabilité, économie à l'usage et technique de pointe sont des qualités recherchées et dont les clients acceptent de payer le prix.

La Classe B
Compacte à l'extérieur et adaptée à la ville, la Classe B offre beaucoup de place à une petite famille.

***La Classe E** est une grande routière, classique et prestigieuse. Elle existe avec plus de dix motorisations différentes, dont une hybride, économe et moins polluante.*

***La CLS**, avec sa forme très effilée vers l'arrière, qui existe en berline et en break (ci-dessous), elle a renouvelé le style des Mercedes avec succès.*

Une citadine plus conventionnelle

La première Classe A, en 1997, était une voiture techniquement très innovante (avec le moteur sous le plancher). Trop chère à fabriquer, elle a été remplacée en 2012 par la Classe A ci-dessus, plus conventionnelle, avec moteur à l'avant. Elle est disponible avec plusieurs motorisations, dont certaines, très puissantes, en font une vraie petite voiture de sport, capable de rouler à 250 km/h.

La Mercedes Classe E
Ce véhicule haut de gamme permet aux conducteurs les plus exigeants de disposer du meilleur de la technologie pour le confort et la sécurité.

Au sommet, Maybach
Mercedes a relancé en 2002 la marque d'apparat Maybach, du nom d'un des collaborateurs de Gottlieb Daimler. Cette S600 Pullman Guard blindée longue de 6,50 m pèse 5,1 tonnes et roule à 160 km/h avec son moteur de 530 chevaux.

Quatre roues motrices

Après avoir été à la fin des années 90 l'un des premiers à proposer de confortables voitures de route capables de rouler aussi dans les chemins, Mercedes a décliné dans toutes les tailles ses modèles à quatre roues motrices. La GLC (ci-dessous) est l'une des productions les plus récentes de cette nouvelle catégorie d'autos.

Héritière des légendaires 300 SL

L'AMG GTR (ci-dessus) est la plus sportive des Mercedes actuelles : son moteur à huit cylindres de 585 chevaux lui permet d'atteindre 318 km/h. C'est une concurrente redoutable pour Ferrari et Porsche.

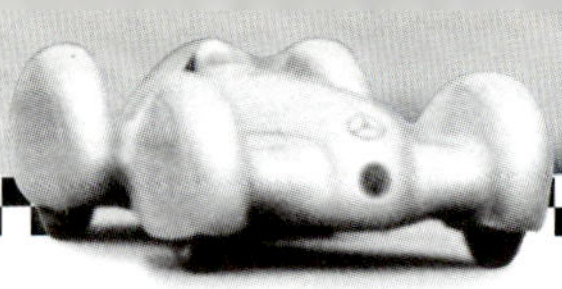

L'ÉTOILE DANS LA COURSE

La course automobile est presque aussi vieille que l'automobile elle-même. Très tôt, les responsables de Daimler-Benz mesurèrent ses effets bénéfiques et la formidable publicité qu'elle constituait pour eux. Elle mettait en valeur la vitesse des voitures et leur fiabilité, démontrant devant un public passionné, massé au bord des routes, la valeur de chaque marque. La course incitait aussi les ingénieurs à améliorer sans cesse leurs machines et les spectateurs à en acheter.

Très populaires, les courses de côte se déroulent sur des cols comme celui du Klausen, en Suisse : 136 virages sur 21,5 km ! L'Allemand Caracciola pilote ici sa Mercedes SSK en 1930.

Fous du volant

L'un des premiers clients de Daimler, Emil Jellinek, remporta en 1899 une course en Autriche avec sa voiture (ci-contre). Il persuada Daimler de lui construire un bolide plus puissant. La voiture, victorieuse à Nice en 1901, sera la première à porter le nom de Mercedes. Les courses attirent les foules. En 1908, le Français Hémery, sur la Benz n°6 (ci-dessous), s'incline de peu au Grand Prix de France... derrière une Mercedes (Daimler) qui gagne à 111 km/h de moyenne après 769 km de course.

La Mercedes W25

Mercedes W25 : la première Flèche d'argent

Entre 1934 et 1939, cette voiture remporte toutes les grandes courses de son temps sur circuit comme sur route. En 1939, son moteur de 494 chevaux lui permet d'atteindre 300 km/h.

Rivalités allemandes

La fin des années 30 est marquée par la rivalité entre Mercedes et son concurrent allemand Auto Union. Les deux marques se partagent l'essentiel des victoires. Mais, en 1935, c'est l'Italien Tazio Nuvolari qui imposera son Alfa Romeo sur le circuit du Nürburgring.

Départ du Nürburgring de 1935 : les Mercedes portent les numéros 5, 6 et 7 et les Auto Union les 1 et 2. Au fond, l'Alfa n° 12 de l'écurie dirigée par Enzo Ferrari et pilotée par Tazio Nuvolari.

Rudi Caracciola, roi de la pluie

Surnommé le « Regenmeister », maître de la pluie en allemand, en raison de son adresse sur piste mouillée, comme à Monaco en 1936, ci-dessous à gauche, Rudi Caracciola (1901-1959) remporta pour Mercedes trois championnats d'Europe, l'équivalent du titre mondial en Formule 1 actuelle. Il décrocha aussi plusieurs records de vitesse et courses de côte, notamment celle du Klausen en 1934, et survécut à plusieurs accidents.

Juan Manuel Fangio, la superstar

L'Argentin Juan Manuel Fangio (1911-1995), sur une F1 Mercedes en 1955 (ci-dessous), remporta cinq titres de champion du monde de Formule 1, dont deux avec Mercedes, en 1954 et 1955. Cette même année, l'écurie allemande connut un terrible drame aux 24 Heures du Mans. L'une de ses voitures s'accrocha avec une concurrente et se désintégra dans le public, tuant 80 spectateurs et son pilote, Pierre Levegh. Mercedes décida aussitôt de se retirer de la compétition.

RETOUR GAGNANT

Après une longue absence due à l'accident de 1955 (voir page précédente), Mercedes reprend timidement la compétition dans les années 80. En 1993, c'est le retour en Formule 1, d'abord comme fournisseur de moteurs, puis comme constructeur. Les Flèches d'argent ont renoué avec leur gloire passée et retrouvé le chemin de la victoire. L'écurie Mercedes remporte ainsi trois couronnes mondiales consécutives, en 2014, 2015 et 2016.

Michael Schumacher, *septuple champion du monde de F1, a commencé sa carrière internationale chez Mercedes.*

Les courses d'endurance

Mercedes revient officiellement en compétition en 1985, après trente ans d'absence. Elle choisit les courses d'endurance. La marque commence par fournir des moteurs à un constructeur de bolides suisse, Sauber, puis s'engage plus directement. En 1989, les Sauber Mercedes remportent les 24 Heures du Mans. En 1998 et 1999, Mercedes engage directement des voitures d'endurance de sa conception, sans succès.

Une drôle de berline revient en course

Mercedes redécouvre la course d'une étrange façon : deux de ses anciens ingénieurs avaient transformé pour la course une lourde et luxueuse berline 300 SL (à gauche, en rouge). Ô surprise, grâce à son moteur, elle finit 2e aux 24 Heures de Spa en 1971. Ces deux ingénieurs sont les créateurs de l'atelier mécanique de compétition AMG, que Mercedes rachètera en 1999.

Des voitures de route pour la course

Pour une poignée de pilotes fortunés, Mercedes construit aujourd'hui des voitures de course AMG GT3 dérivées de ses puissants coupés, comme le modèle bleu ci-dessus. Elles ont remporté plus de 170 courses dans des championnats de Grand Tourisme, notamment aux États-Unis, en Europe ou au Moyen-Orient.

La Dream team

Une équipe de rêve ! L'Allemand Nico Rosberg (à gauche) et le Britannique Lewis Hamilton, pilotes de l'écurie Mercedes de Formule 1 en 2016. Comme en 2014 et 2015, ils ont largement dominé la saison au volant de leurs Flèches d'argent. À droite, la voiture de Lewis Hamilton, si rapide en virage que deux de ses roues décollent du sol !

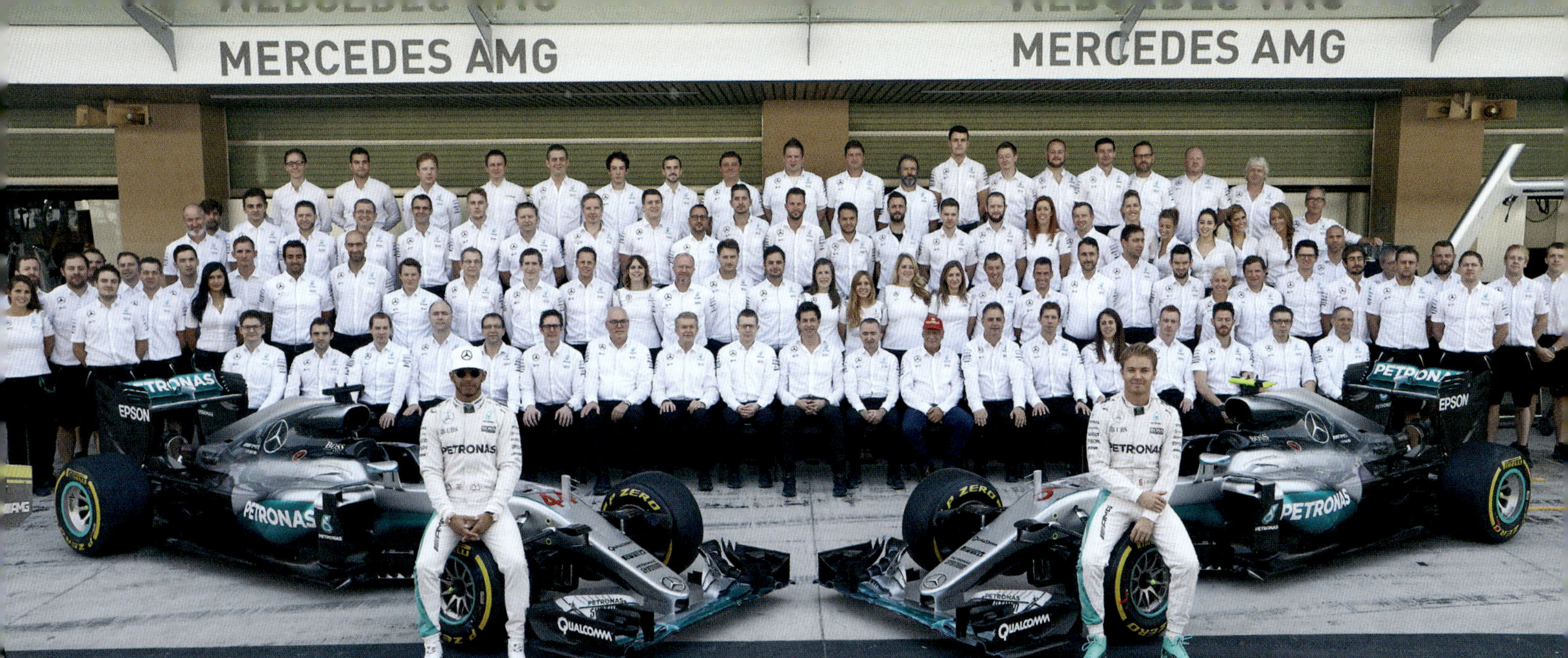

Une équipe de choc

Revenue en Formule 1 comme fournisseur de moteurs pour d'autres écuries, Mercedes associe son nom à deux titres de champion en 1998 et 2009, avant d'engager ses propres voitures. En 2014, le règlement de course impose des F1 à motorisation hybride.

Signaux de fumée

Pour fêter son titre de champion du monde de Formule 1, Nico Rosberg s'est amusé à brûler la gomme de ses pneus en faisant patiner ses roues arrière dans un grand nuage de fumée. Peu après son sacre, il a annoncé qu'il arrêtait la course automobile. Fils du pilote de F1 finlandais Keke Rosberg (champion du monde en 1982), Nico Rosberg a été remplacé chez Mercedes par le Finlandais Valtteri Bottas.

En plus des 600 chevaux d'un moteur à essence, les F1 utilisent des systèmes de propulsion électrique capables de récupérer l'énergie autrefois perdue au freinage et dans la chaleur de l'échappement. Les Flèches d'argent hybrides gagnent le championnat avec Hamilton en 2014 et 2015 et avec Rosberg en 2016.

CHAMPION DES CAMIONS

Camions et bus sont nés avec l'automobile : Daimler et Benz en ont construit dès le début de leur activité, comme ce camion Benz vendu en 1896 au grand magasin français Le Bon Marché. Avec son moteur de 5 chevaux, il pouvait transporter 300 kg. Aujourd'hui, les camions Mercedes ont des moteurs dépassant 500 chevaux ! La marque est numéro un mondial des poids lourds.

Sur tous les fronts

Les camions de pompiers ne sont qu'une des nombreuses fabrications Mercedes sur le marché des poids lourds : camions-bennes, tracteurs de semi-remorques, camions fermés... Mercedes a construit un demi-million de poids lourds en 2016 et plus de 28 000 autobus.

Pour rester numéro 1

Mercedes et les marques de camions qu'elle possède dans le monde, notamment aux États-Unis, investissent dans la recherche pour réduire la consommation et la pollution des camions et accroître leur sécurité. En 2016 ont été lancés les premiers camions électriques capables de transporter 12,8 tonnes sur 200 km pour les livraisons en ville. Mercedes expérimente aussi des camions automatisés sans chauffeur, reliés entre eux par électronique, et qui rouleront à la queue leu leu tout près l'un de l'autre pour économiser du carburant et de la place sur les routes.

L'Unimog

Unimog, la bête de somme

Dans la gamme des camions Mercedes, l'Unimog est la bête à tout faire sur tous les terrains. Doté d'étonnantes capacités de franchissement, il peut servir de locomotive, de tracteur, de chasse-neige, de secours en montagne... Il est conçu pour utiliser toutes sortes d'outils : grues, tronçonneuses, treuils, foreuses. Mercedes en a vendu 340 000 depuis le début de sa fabrication en 1946.

Mercedes-Benz Museum

Une marque fière de son passé

Après ceux créés en 1910 et 1955, Mercedes-Benz a ouvert en 2006 à Untertürkheim, près de Stuttgart, son troisième musée pour y exposer ses chefs-d'œuvre dans un bâtiment ultramoderne. À proximité, un atelier spécialisé est capable de rénover voire de reconstruire toutes les Mercedes, aussi anciennes soient-elles !

Comme ce soudeur, les artisans de l'atelier de rénovation spécialisé font vivre des savoir-faire anciens qui ont disparu des usines modernes automatisées.

Le musée expose des voitures expérimentales, comme ces C111 orange, et toute une collection de voitures de course victorieuses en parfait état de marche.

Les mécaniciens de l'atelier de restauration sont capables de remettre en état tous les moteurs anciens.

Construit sur le terrain historique de l'usine Daimler, le musée présente une collection de 160 véhicules. Ils sont exposés sur une grande spirale qui raconte 130 ans d'histoire automobile, de 1886 à nos jours.

SÉCURITÉ ET TECHNOLOGIE

Passionné de technologie depuis ses origines, Mercedes s'est intéressé très tôt à la sécurité automobile sous tous ses aspects. Le constructeur sera le premier à concevoir des carrosseries étudiées pour protéger les occupants de la voiture en cas d'accident. Le premier aussi à utiliser le freinage de sécurité ABS, le système antidérapage et les airbags qui équipent aujourd'hui toutes les voitures. La marque continue à investir dans les systèmes électroniques de sécurité, mais aussi dans la lutte contre la pollution.

Mercedes fabrique tous ses moteurs dans ses propres fonderies.

Un inventeur génial

En 1951, l'ingénieur Béla Barényi met au point chez Mercedes la première voiture dont la carrosserie absorbe les chocs en cas d'accident pour préserver ses passagers. Il l'expérimente grâce aux premiers crash-tests. Mercedes a fait de la sécurité l'une de ses priorités. Le freinage ABS (1978), le contrôle de trajectoire ESP, qui permettent au conducteur de mieux garder le contrôle de son véhicule, et les airbags qui se gonflent en quelques millisecondes en cas de choc : autant de technologies que la marque a contribué à initier et à développer.

Un empire industriel mondial

Mercedes possède 27 usines qui construisent des voitures et des camions dans de nombreux pays du monde. En Allemagne, bien sûr, comme à Untertürkheim (ci-contre), mais aussi aux États-Unis, en Chine, en Argentine, en Espagne, en Pologne et dans bien d'autres pays encore. Début 2017, Mercedes faisait travailler 285 000 salariés dans le monde. En Chine, marché en plein développement, Mercedes a déjà construit plus de 1 million de voitures. La production mondiale a atteint en 2016 le niveau record de 2 millions de voitures par an.

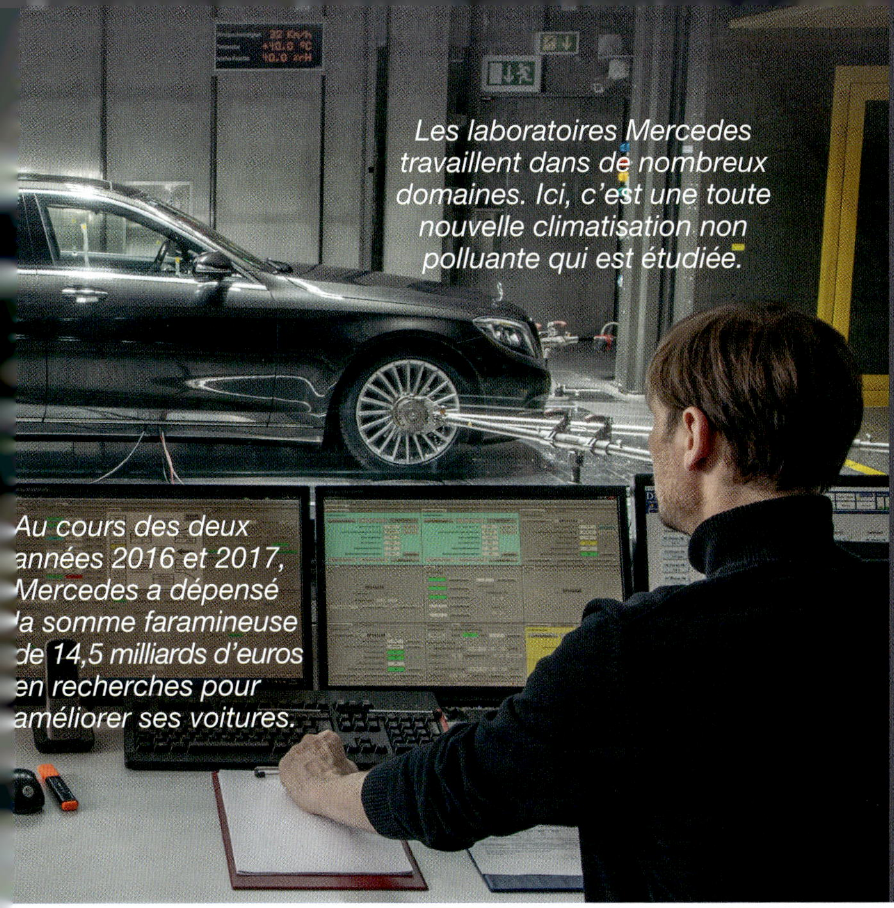

Les laboratoires Mercedes travaillent dans de nombreux domaines. Ici, c'est une toute nouvelle climatisation non polluante qui est étudiée.

Au cours des deux années 2016 et 2017, Mercedes a dépensé la somme faramineuse de 14,5 milliards d'euros en recherches pour améliorer ses voitures.

Ce camion expérimental est équipé d'un radar capable de détecter un piéton ou un cycliste que le conducteur ne pourrait pas voir (du fait de la hauteur de sa cabine) et de l'alerter avant l'accident.

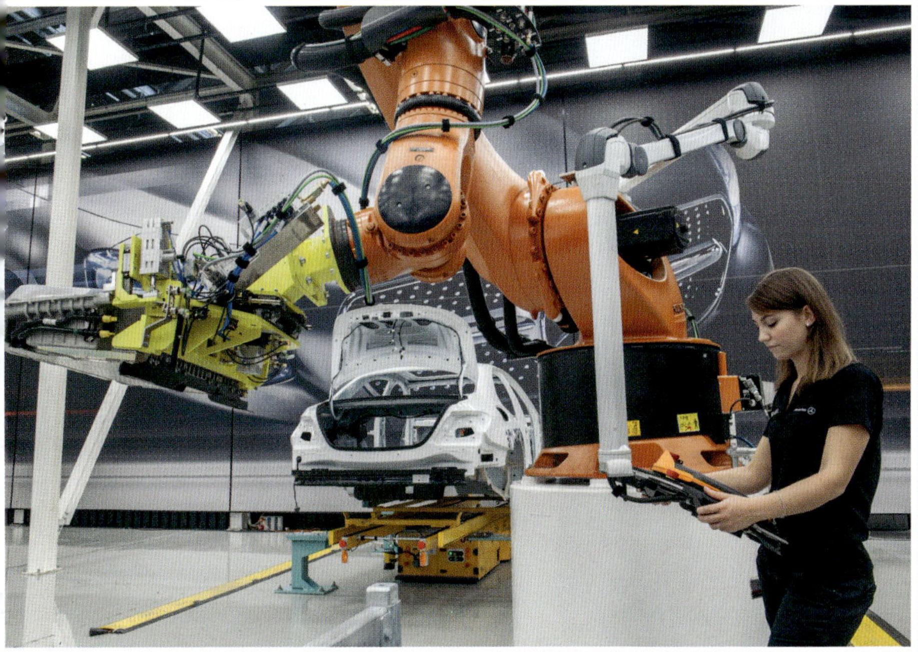

Des robots et des hommes

Les usines Mercedes conçoivent et utilisent les techniques de production les plus modernes, et notamment des robots qui travaillent seuls ou aident les ouvriers dans leur tâche, en portant des charges par exemple. Mais dans certains ateliers, comme ceux qui assemblent les moteurs de haute performance AMG, l'homme reste très présent pour assurer certaines opérations complexes.

LES MERCEDES DU FUTUR

Mercedes réfléchit activement aux véhicules de demain et à la manière dont nous allons nous en servir. Certaines propositions sont prêtes à fonctionner, comme les voitures électriques ou à hydrogène, qui ne polluent pas. D'autres explorent des formes et des utilisations nouvelles. Il n'est pas sûr que nous conduirons encore dans 20 ans ! Sans doute nos voitures nous déposeront-elles automatiquement à destination. Peut-être ne les achèterons-nous plus : nous nous contenterons de les louer. Après utilisation, elles retourneront toutes seules au garage !

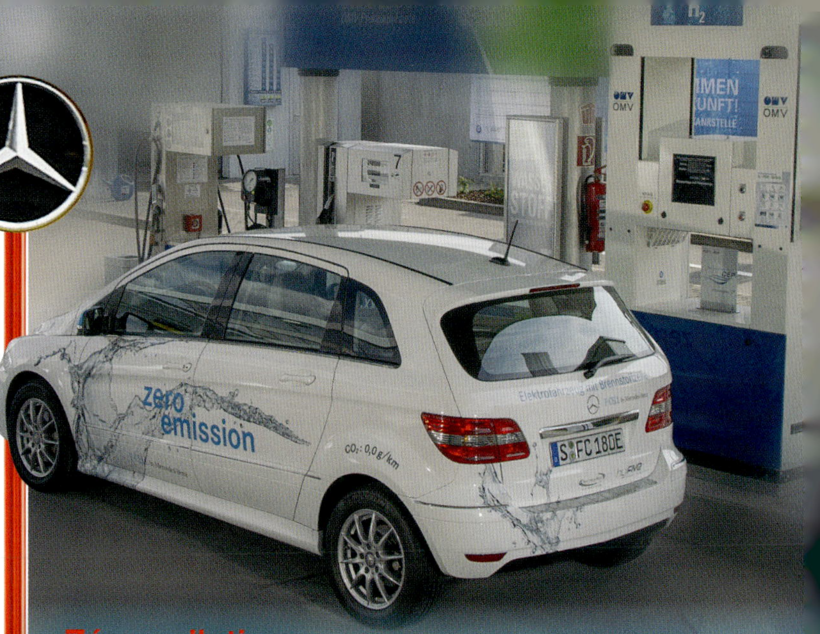

Zéro pollution

Cette Classe B ne consomme pas d'essence, mais de l'hydrogène, qu'elle transforme en électricité. Elle ne produit aucun polluant, seulement de la vapeur d'eau. Elle roule déjà en Californie et en Allemagne, où apparaissent des stations-service d'hydrogène. Avec un plein réalisé en 3 minutes, elle fait 400 km.

L'EQ

Vision Van

Les futures voitures électriques pourront bientôt se recharger automatiquement.

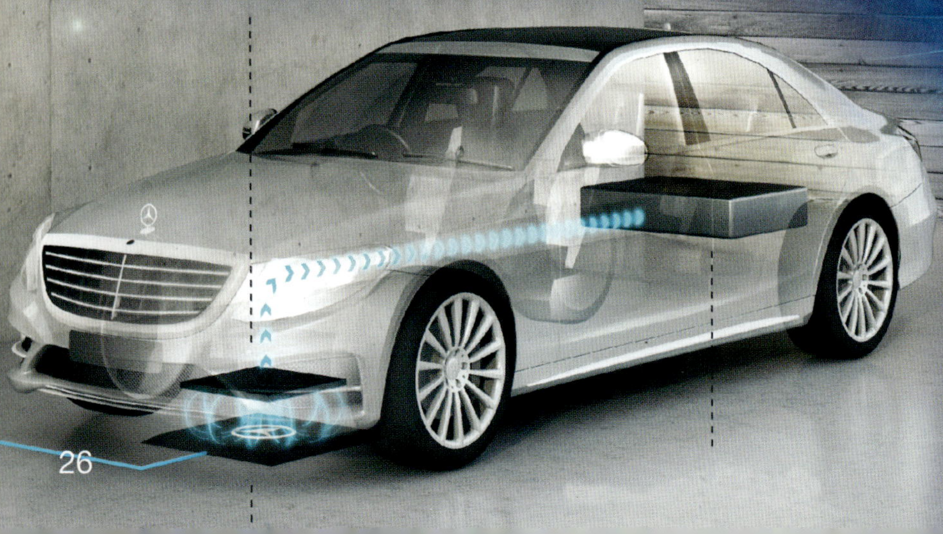

Drones et intelligence artificielle

D'ici 15 ans, la camionnette électrique Vision Van se chargera automatiquement dans les entrepôts de colis que ses drones livreront directement aux clients à domicile. Quant aux futures voitures électriques comme l'EQ (ci-dessus, à gauche), elles se rechargeront sans être branchées par un câble, en stationnant sur une plaque qui transférera l'électricité vers leurs batteries. Leur intelligence artificielle assurera la conduite automatique, proposera des itinéraires, des musiques, de bonnes adresses et cherchera des places de stationnement à ses passagers.

Salon roulant et cinéma

La F 015 montre ce que pourrait être une Mercedes dans 15 ans. Elle se rendra automatiquement et sans polluer d'un endroit à un autre. En chemin, conducteur et passager avant pourront retourner leurs sièges vers les passagers arrière. Ils seront à l'aise pour regarder des films ou travailler sur les écrans tactiles installés dans les portières et reliés à Internet. L'habitacle baignera dans une lumière douce, et les sièges seront de vrais fauteuils de salon. Avec son plein d'hydrogène, la F 015 pourra faire 1100 km sans ravitaillement.

Sportive électrique

La Vision Maybach 6 est un trait d'union entre le passé et l'avenir de Mercedes. Sa forme rappelle les lignes effilées de l'Autobahnkurier des années 30 (voir p. 11). Son moteur de 750 chevaux, en revanche, ne consomme plus d'essence, mais de l'électricité. La Vision peut rouler à 250 km/h et accélérer de 0 à 100 km/h en 4 secondes. Sa batterie, logée sous le plancher, lui permettra de couvrir une distance de 500 km. Son système de recharge rapide lui fournira en 5 minutes l'électricité nécessaire pour faire 100 km de plus.

TABLE DES MATIÈRES

MDS : 661381
ISBN : 978-2-215-145745

Dépôt légal à la date de parution.
Conforme à la loi n° 49-956 du 16 juillet 1949
sur les publications destinées à la jeunesse.
Imprimé en Italie (05-18)